KB023978

달리는 쿠키들의 한자 대모험
쿠키런
©Devsisters Corp.
한자런 9
더욱 더 열정이 넘치는
레이스를 펼쳐라!
더울 열!
熱
서울문화사

- **1판 1쇄 인쇄** | 2016년 12월 13일
- **1판 1쇄 발행** | 2016년 12월 20일
- **글** | 조주희
- **그림** | 이태영
- **감수** | 김장미
- **발행인** | 이정식
- **편집인** | 최원영
- **편집장** | 안예남
- **편집** | 이은정, 박수정, 박지선, 김이슬
- **디자인** | 이명헌, 김가희, 최한나
- **출판영업** | 홍성현, 임종현
- **제작** | 이수행, 주진만
- **출력** | 덕일인쇄사
- **인쇄** | 서울교육
- **발행처** | 서울문화사
- **등록일** | 1988. 2. 16
- **등록번호** | 제2-484
- **주소** | 04376 서울특별시 용산구 새창로 221-19
- **전화** | 02)791-0754(판매) 02)799-9196(편집)
- **팩스** | 02)749-4079(판매) 02)799-9334(편집)

ISBN 978-89-263-8560-9
978-89-263-9810-4 (세트)

서울문화사

'한자'는 국어, 수학, 영어와 같이 여러분이 꼭 배워야 할 과목입니다. 왜일까요? 세종대왕이 한글을 만들기 이전, 우리 조상들은 한자를 사용하여 편지를 쓰고, 시도 쓰고 자신의 생각을 적는 등 실생활에 필요한 모든 내용들을 기록했습니다. 한마디로, 의사소통의 수단이 한자였던 것이지요.

자랑스러운 한글이 만들어져 글을 읽고 쓰기가 편해졌지만, 우리말의 70% 이상은 여전히 한자어로 이루어져 있습니다. "영희와 나는 운동을 했습니다."라는 문장에서 '운동'은 한자어입니다. '옮길 운(運)'과 '움직일 동(動)'으로 이뤄진 단어로, '움직이다'라는 뜻이죠. "소중한 친구에게 편지를 쓰다."라는 문장에서 '소중(所重)'과 '친구(親舊)', '편지(便紙)'도 모두 한자어입니다. 따라서 한자를 알면 말이나 문장을 더 쉽게 이해하고 글을 잘 쓸 수 있습니다. "차를 사다."라고 했을 때, 마시는 차(茶, 차 차)일 수도 있고 이동수단인 차(車, 수레 차)일 수도 있습니다. 한자를 알아야 무엇을 가리키는지 명확해집니다. 이렇듯 한자는 의사소통을 쉽게 해 주고, 다른 공부에도 많은 도움을 줍니다.

〈쿠키런 한자런〉은 꼭 알아야 하는 한자를 쉽고 재미있게 배울 수 있는 책입니다. '천 리 길도 한 걸음부터'라는 속담처럼, 이 책을 통해 여러분이 한자에 흥미를 가졌으면 합니다. 무슨 공부든 흥미나 재미가 없으면 성취하기 어렵습니다. 책을 재미있게 읽는 동안 한자 실력이 쑥쑥 성장하기를 기대합니다.

김장미(봉담중 한문교사)

한자, 달리기, 놀이동산이 금지된 쿠키나라를
한자로 구하는 초등 쿠키들의 신나는 모험담!

우리가 하는 말 중에는 '쿠키런'처럼 외국말이 섞여 있기도 하고, '이슬비'처럼 순우리말도 있고, '전력질주'처럼 한자로 된 말도 있어요. 이 중에서 한자는 우리가 쓰는 말의 상당한 부분을 차지하고 있지요.

그렇기 때문에 차근차근 한자를 익히면 처음 접하는 단어의 뜻도 쉽게 알 수 있고, **한자 실력**과 함께 **이해력**과 **사고력**도 쑥쑥 자란답니다.

〈쿠키런 한자런〉에서 재미있는 이야기를 읽다 보면 여러분도 어느새 한자와 친해지게 될 거예요. 마녀가 금지시킨 한자의 비밀을 알게 된 꼬마 쿠키들이 쿠키나라를 구하기 위해 모험을 떠나는 이야기가 멋지게 펼쳐지거든요.

쿠키 주인공들과 함께 신나는 모험을 펼치며 재미와 감동이 있는 순간, 잊을 수 없는 한자들과 만나 보세요!

등장인물 소개

용감한 쿠키

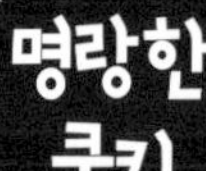

굴뚝마녀와 맞서 싸우는 쿠키 원정대를 이끄는 쿠키. 쿠키의 말을 할 줄 모르는 정글전사 쿠키의 마음을 정확하게 읽는 놀라운 능력을 지녔다.

명랑한 쿠키

친구들과 어울려 함께 달리는 것을 좋아하는 쿠키. 좀비 쿠키가 된 적이 있어 좀비 이야기를 하는 것을 싫어한다.

대추맛 쿠키

세계 최강의 무기인 월도를 제대로 다룰 줄 모르는 쿠키. 불꽃정령 쿠키의 꾐에 빠져 꼬마 쿠키들을 위험에 빠뜨렸지만 그들의 열정적인 모습에 반하여 마음이 바뀐다.

탐험가맛 쿠키

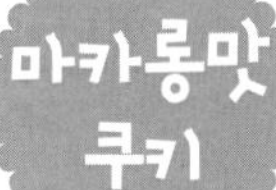

모험과 유물을 좋아하는 쿠키. 쿠키 원정대가 모으는 유물 조각을 호시탐탐 노리는 욕심쟁이 쿠키다.

마카롱맛 쿠키

긴장되는 상황이면 북을 치는 쿠키. 시나몬맛 쿠키의 마술 공연을 도우며 함께 공주맛 쿠키를 속여 왔다.

보더맛 쿠키

보드를 타고 쌩쌩 달리는 것을 좋아하는 쿠키. 속도를 높여주는 펫인 럭키다이스 형제와 함께라면 두려울 것이 없다.

웨어울프맛 쿠키

위기의 상황이면 거대 늑대로 변하여 쿠키들에게 큰 도움을 주는 쿠키. 거대 늑대로 변하면 괴물 같은 힘을 발휘한다.

복숭아맛 쿠키

대나무 숲에 사는 무술고수 쿠키.
대추맛 쿠키가 큰 잘못을 저지르는 것을 막기 위해 원시림으로 찾아 왔다.

불꽃정령 쿠키

쿠키왕국을 멸망시키려는 악당 쿠키.
원시림 경기에 참여해 오랜만에 만난 용사맛 쿠키와 맞붙는다.

블랙베리맛 쿠키

탐험가맛 쿠키의 능력 있는 집사 쿠키. 탐험가맛 쿠키가 유물 조각을 가로채지 못하도록 감시하는 역할을 한다.

시나몬맛 쿠키

불꽃정령 쿠키의 꾐에 빠져 마법사인 척하는 마술사 쿠키.
공주맛 쿠키를 속이고 마법사인 척했지만 한계가 왔다.

딸기맛 쿠키

정보 검색을 잘하는 쿠키.
약해 보이지만 재치가 넘쳐서 중요한 순간에 꼬마 쿠키들에게 큰 도움을 준다.

쿠키앤 크림 쿠키

용감한 쿠키의 할머니이며 전설의 쿠키 중 하나.
예전부터 용사맛 쿠키를 보면 좋아서 어쩔 줄 몰라한다.

용사맛 쿠키

전설의 쿠키 중 하나.
노인 쿠키들의 오랜 설득으로 용의 협곡에서 나와 불꽃정령 쿠키와 대결한다.

공주맛 쿠키

쿠키왕국을 다스리는 공주 쿠키.
위험할 때는 풍성한 속치마를 가진 드레스를 활용하여 위기에서 빠져나온다.

정글전사 쿠키

정글에만 살아서 쿠키의 말을 할 줄 모르는 쿠키.
쿠키 원정대의 안내자가 되어 함께 파인애플 부족의 제단으로 향한다.

이 책의 특징

1 맥락으로 기억한다!

이 책은 이야기의 맥락과
강하게 연결된 한자 만화로,
흥미진진한 내용을
따라가다 보면
자연스럽게 한자를
익힐 수 있습니다.

2 시각으로 기억한다!

만화 속에서
중요한 장면마다
큰 이미지의 한자가
인상 깊게 등장하여
눈으로 한자를
먼저 기억하게 됩니다.

3

기초부터 학습한다!

획이 많고 어려운 뜻의
상급 한자보다는
초등학생이 접하기 쉬운
초급 한자부터
차근차근 배웁니다.

4

반복해서 기억한다!

만화에서 한자가
여러 번 등장하여
반복 학습이 가능하고,
권말 집중 탐구로
확실히 정리합니다.

차례

지난 줄거리 거대 애벌레를 물리치고, 원시림 경기장의 1단계를 통과한 쿠키 원정대는 정글을 통과하다가 거미줄에 걸려 거대 거미에 잡아먹힐 위기에 처한다. 하지만 때마침 나타난 정글전사 쿠키의 도움으로 목숨을 구하고, 힘을 합쳐 거대 원숭이를 물리치며 2단계도 통과하게 된다. 한편, 노인 쿠키들이 원시림 경기장에 도착했다는 소식을 들은 불꽃정령 쿠키가 황급히 쿠키런 경기에 참여하면서 쿠키들의 대격돌이 시작되는데…!

《쿠키런 한자런》 9권에 등장하는 한자

本 근본 본	來 올 래	豫 미리 예	賞 상줄 상
熱 더울 열	進 나아갈 진	行 다닐 행	未 아닐 미
開 열 개	塔 탑 탑	吉 길할 길	無 없을 무
理 이치 리	信 믿을 신	誘 꾀어낼 유	引 끌 인
解 풀 해	答 대답 답	完 완전할 완	成 이룰 성

豫
미리 예
난 미리부터
알고 있었지.
끄덕
끄덕
다 예정된
일이지!
賞
상줄 상
이 녀석은 마법사가
아니라 마술사야!
헉!!!
녀석의 음모를 알고 있다!
상을
받고 싶다면
나를 따르라!
상이라면
상금이 최고죠!

41장

밝혀진 음모

本來

근본 본 올 래

드드드드드드

성공이야!

스스스스스스

본래(本來)…?

본래(本來)는 무엇으로 변했던 사물의 바탕을 말하는 거야.
나는 똑똑한 쿠키!
좌악

나무의 뿌리를 뜻하는 근본 본(本)과
뿌리!
本
척

보리의 모양을 본뜬 올 래(來)가 합쳐진 말이지. 옛 쿠키들은 보리가 하늘에서 온다고 생각했거든.
來來來
아~

사물의 처음 바탕을 뜻하는
본래 (本來)!
끼끼끼
척

그럼 유물 조각의 힘이
원시림(原始林)의
동물을 거대 괴물로
만들었다는 거네.
흠…

그래서 유물 조각을
떼니까 본래(本來)의
모습으로 돌아온 거야.

역시 유물
조각에는 굉장한
힘이 숨어있어!
탐난다~

도련님!
핫하하
팡
팡

스스스스
스스스스

스스스

몽땅 작아졌네!

못된 것들!
덜덜덜

훅
꺄악!

무슨 일인지 모르겠지만 동물들이 본래(本來)의 크기로 돌아왔어!
팍
파. 팍

잠깐! 아까 불꽃정령 쿠키에 대해 알고 있다고 했지?
척
둥 둥
내가?

꼬마 쿠키들이 쿠키런 단계를 잘 돌파했나 봐!
끄덕

그냥 평범한
마술사(魔術師)로
살걸~.
괜히 불꽃정령
쿠키의 꾐에
넘어가서 이게
무슨 꼴이람!

…이라고
8권에서
말했잖아!
그, 그건…

잘못 들었겠지.
그런 쿠키 몰라.
척
증거!

불쑥
공주맛
쿠키님!

감히 쿠키왕국의
최고 마법사님께
무슨 소리야?
뱀에 새까지…!
그새
잡으셨어요?

마법사?
퍽

이 녀석은 마법사가
아니라 마술사야!
헉!!!

그러는 너는 마술쇼에
따라다니는 조수구나!
툭
툭
툭
가짜 왕관에
가짜 공주 옷까지
입었네!

탁
휘익
휙
푸드득

콰아아아

둥둥둥
둥둥

진정해!
저 분은 진짜
공주님이셔!
헉!

여봐라,
저 버릇없고
괘씸한 복숭아맛
쿠키를 감옥에
가두거라!

조~용

둥
부하들은
다들 궁전으로
도망쳤습니다.
둥
둥
둥

나를 버리고
달아나다니!
모두 감옥에
가둘 테다!

공주님이
먼저 부하들을
버리셨잖아요!
내가 언제?!

난
공주니까
잡아먹으면
안 돼!

내 병사들을
공격해!
너무하세요!

…라고 8권에서
말씀하셨습니다.
내 책인데…
그, 그랬나…?!

대추맛 쿠키는
꼬마 쿠키들과 함께
경주를 하고 있어.

그들을
따라잡아야 해!

씨익

그리고
꼬마 쿠키들에게
알려 줘야지!
대추맛 쿠키에게
속지 말라고!

대추맛 쿠키는
불꽃정령 쿠키의
부하가 됐거든.

사, 사실
우리도 같은
처지인데….
둥
둥
둥

대추맛 쿠키는
꼬마 쿠키들을 배신하고
펫알들을 가로채서
불꽃정령 쿠키에게 줄 거야.

그래. 아마도
그럴 거야.
둥
둥
둥

불꽃정령 쿠키는
악당이 아니야.

꼬마 쿠키들이
쿠키왕국을
멸망시킬
악당들이야.
화르르

…라고 시나몬맛 쿠키
마법사가 예언했지.

화르르르
그, 그건
불꽃정령 쿠키가
시킨 건데….

그러니까
꼬마 쿠키들이
악당이라고!
정신 차려!
불꽃정령 쿠키가
악당이라니까!
툭탁
툭탁

콰아아아아

콰아아아

네 뜻대로는 안 돼! 우리가 막을 테니까!

너희는 쿠키 세상이 멸망하는 걸 지켜보기나 해!

어림없는 소리!

콰아아아

불꽃정령
쿠키…!!!
꽈악

저 녀석이 감히
쿠키왕국을 멸망
시키려 하다니!
공주맛
쿠키님!
부들
부들

이게 어떻게 된
일이냐면….
둥
둥 둥

시나몬맛 쿠키 마법사!!!
휙
넌 나를 속였어!
히익

제 예언(豫言)이
틀렸나 봅니다.

미리 예(豫)와
말씀 언(言)!
팟
예언(豫言)이란
앞으로의 일을 미리
말하는 것으로

미리 예(豫)는
코끼리 상(象)과 음을
나타내는 한자(予, 미리 예)가
합쳐진 글자죠. 코끼리가
자신의 죽음을 미리 알고
무덤을 찾아간다는
의미입니다.
둥
코끼리 무덤
둥
둥
둥

그러니까
예언(豫言)은
틀릴 때도 있어요!

용서 못 해!
잘못했습니다.
퍼퍽
퍽

*조종하다 : 다른 사람을 자기 마음대로 다루어 부리다.

버럭
불꽃정령 쿠키,
각오해!!!
욱

두
둥
우리
모두 같은
생각이잖아!

그럼 저희 모두
함께 가요~!
무슨
소리야?

서로 도와 함께 가면 경주를
완주(完走)하고, 꼬마 쿠키들도
따라잡을 수 있을 거예요.

나를 무사히
파인애플 부족의
제단까지 데려가면
큰 상(賞)을
내리겠어.

상(賞)?

상(賞)은 돈을 상징하는
조개 패(貝)와 '높이다
숭상하다'라는 뜻의
상(尙, 오히려 상)이
합쳐진 글자로
둥
둥
둥
둥
1
2
3
'공을 세운 쿠키에게
재물을 주다'라는 뜻!

나는 상(賞)은
필요 없어.
내 친구를
데려가기만 하면
되니까.

어쨌든,
출발!

콰아아아

저것 봐!

움직이는 불덩이다!

화르르르

용(龍)이다!

용사맛 쿠키님이
용의 꼬리를 잘라
길들인 '용의 꼬리'
펫이지.
촤아악

용사맛
쿠키님의 용이야!

쿵
척

주인님!
오냐, 용의
꼬리 펫!

용과 싸워 이긴
쿠키는 용사맛
쿠키님밖에 없어.
대단하다!

콰아아아아
화르르르

콰아아아

슈우우우
용의 등에
용사맛 쿠키님과
전설의 쿠키님들이
타고 계셔.

용의 협곡(峽谷)에서
용사맛 쿠키님을
모셔온 거야.
휘이이

용사맛 쿠키님은
쿠키들 중에 가장
강한 기사거든!
만세
와

화르르르
내가 불꽃정령
쿠키라는 걸 잊었어?
콰아아아

콰아아아아

너야말로 내가 용사맛 쿠키라는 걸 잊었어?

촤아악

이 정도의 불은 내겐 아무것도 아니야!

화르르

난 절대 포기하지 않아!

進行

나아갈 진

다닐 행

42장

파인애플 부족의 제단으로!

저기 파인애플 부족의 제단이 보인다!

파앗

화르르르

와
멋지다, 용사맛 쿠키!!!!
와
불꽃정령 쿠키의 불덩이를 조심해!

걱정 마. 내 갑옷이
다 막아 주니까.
화르르르
화아악

쩌엉

파지지직

방해하지 말고
용의 협곡(峽谷)으로
돌아가!
파지직

너야말로
굴뚝화산으로
가버려!

파지지직
파앗

챙
챙
챙
챙

*열정 : 어떤 일에 쏟는 힘과 정성.

*열광 : 아주 기쁘거나 좋아서 마구 날뛰는 것.

*열심 : 어떤 일에 온 정성을 다하는 것.

붕 붕

콰아아아

시간이 얼마
안 남았어!

어서 달려!

네!

우르르

가자!
해가 지면
경기가 끝나니까!
우르르

챙
챙
챙
챙
그러면 용사맛
쿠키님께 드려야 할
크리스탈도 얻지
못할 거야.

챙
챙
챙

전설의 쿠키님들이
불꽃정령 쿠키를 막고
있는 동안
경기를 빨리
진행(進行)하자!

앞으로 나아가는 것을
말하는 진행(進行)은
進 行

꽁지 짧은 새(隹, 새 추)가
쉬엄쉬엄 나아가는 모습
(辶, 쉬엄쉬엄갈 착)을 표현한
글자인 나아갈 진(進)과
추추추
進

잘 정리된 사거리의 모습을 본뜬
글자로 '길, 가다'의 뜻을 나타내는
글자인 다닐 행(行)이 합쳐진 말이야.
行

좋아! 어서
진행(進行)하자!
시간 없어!

하나, 둘!
척
척

하나, 둘!
척

하나, 둘!
하나, 둘!
슈우우
4단계를 향해
가다 행(行)!

휘이이잉
노인(老人)
쿠키들이
나타나다니….

게다가 불꽃정령
쿠키님도 오셨어.
다다다
나를 믿지 못해서
직접 오신 걸까?

평범한
꼬맹이 쿠키들인 줄
알았는데
생각보다
더 대단한
녀석들인가 봐.
휘익
휙
척
척
척
화르르르
슈우우우웅

파지직
파직

나는 옛날의 불꽃정령 쿠키가 아니야.
지지직

굴뚝마녀의 용 덕분에 강해졌지!
지직

쾅

으윽!
지직

쉬이익
쉬익
뭐야, 이건!
슈우우우

휘릭
척
어서 오세요!

저리 가!
붕
붕
붕
휙
휘릭

켁!
이런!

불꽃정령 쿠키님!
슈우우우
저희가 드디어 도착했어요!!!

콰아아아

오래 기다리셨죠?

저희가
도와 드릴게요.

캬오-!

퍼억

으아아아

슈우우우

슈우우우

두

드디어
도착했어!

둥

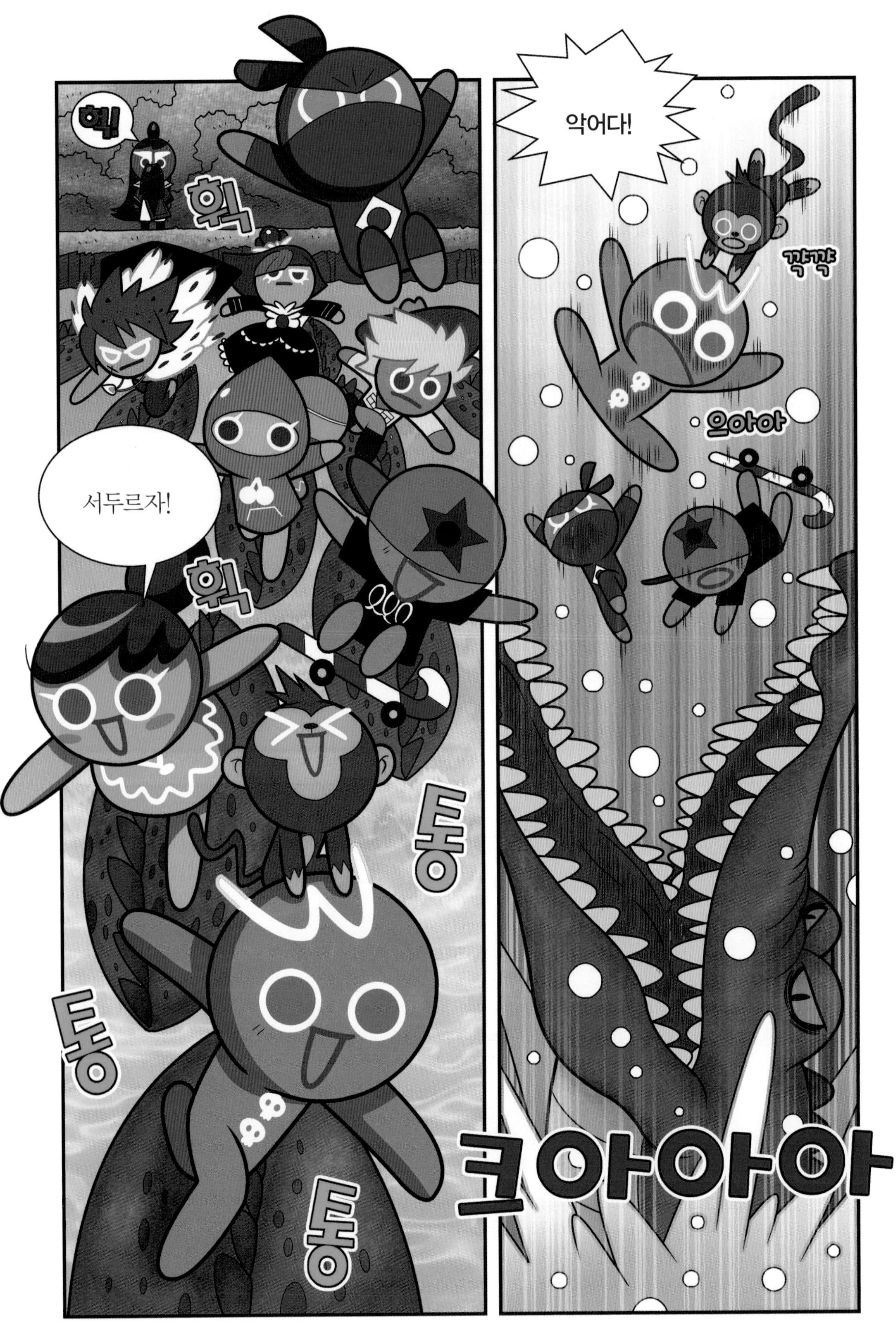

헉!
휙
서두르자!
휙
통
통
통
악어다!
깍깍
으아아
크아아아아

그럼
그렇지.
원시림(原始林)
경기장인 걸
잠시 잊었어.
꺅
으아아
꺅
크아아

미안해!
파팍
팍
어서
돌아가자!
첨벙
첨벙

촤악
이곳은 원시림
경기장의 4단계,
파인애플 호수다!
털썩

아깝다. 이 호수만
건너면 파인애플
제단에 도착할 수
있는데….

그럼 펫을
이용해서
가면 되지!
파앗

내가 먼저
출발(出發)할게!
슈우우
크르르르

헉!

피라냐가 마구
튀어 오르고 있어.
저러다 물리겠어!
카약
칵
칵

죽을
뻔했다!
스스스

털썩
바보 같은
쿠키들아…!

두
둥
저쪽에 다리가
있잖아!

휘이이이이
파인애플
부족이 만든
파인애플 다리!

고마운 부족이네.
제단으로 가는 다리까지
만들어 주다니.

과연
그럴까…!
후후후

와아
와

으악!

위이이잉

빨리
달려!
위이이잉
위잉
위험해!

위이잉
깜짝이야!

블랙베리맛 쿠키!
으악
크아아아
크아아

으아아아

도련님,
조심하세요!
휘익

콱

고마워!
크아아
크아

다리 밑으로
떨어지면 안 돼!
위이이잉
위잉
위이잉
밑에는 악어와
피라냐가
있으니까!

위이이이잉
으악!

콰아아아
귀찮은
톱니바퀴!!!

쾅
쾅
거대 늑대 나왔다!

잘한다,
웨어울프맛
쿠키!
쾅
쾅
쾅
괴물 같은
녀석!

어떤 것도 우릴
방해(妨害)할
수 없어!
쾅
이대로
통과(通過)!
쾅
우르르
쾅
쾅
쾅

휘익

어흥!

척

文明

글월 문

밝을 명

파인애플 부족, 만만치 않은걸?

43장

변신, 불꽃 좀비!

未開

아닐 미 열 개

정글전사 쿠키!
어디 갔었어?
척

왜 우리를
막지?
이제 다
왔는데….

도리
도리
팍팍!
피유
피유

파닥
파닥
파닥
무슨 말이지?

촤아아악

응, 그렇대!

슉
슉
슉
슉
으악!

화살 비가
내린다!!
우릴 지켜보고
있었나 봐!
퍽
퍽
퍽

크악
크아악
크악
헉

조심해!
퍼퍽
퍽
퍽

정글전사 쿠키 말로는
저 화살에 좀비 독이 묻어있어서
맞는 순간 좀비로 변한대!
휙
뭐?

파인애플 부족이
어떻게 좀비 바이러스를
가지고 있지?
퍼
퍼
퍽

좀비라고?!

진짜 싫다!
명랑한 쿠키!
꺄악!

우리에겐 시간이
별로 없는데…!
벌써 해가 지려고
하잖아.
퍽
퍼
퍽
퍼
퍽

결국 이렇게
끝날 운명인가?

슈우우우우

저게 뭐지?

슈우우우우

콰
광

하늘에서
불덩이가
떨어졌어.
파인애플
부족이 있는
곳인데?!

누가 그랬지?
덕분에
좀비 독화살이
멈췄어.

용사맛 쿠키님이
우리를 도와주신 게
아닐까?
으으...

아프군!

헉

저희가
더 아파요!

헐~

척
척
척

이상하게 생겼죠?
애들이 파인애플
부족인가 봐요.
흥!

크르르르

감히 불꽃정령
쿠키님 앞을
막다니!
팍

쿠키 세상 곳곳엔
아직 문명(文明)이 발달하지
못해 미개(未開)한 부족들이
있다고 하던데….
그게 바로
너희로구나.

문명(文明)이
무슨 말인지는
아니?

미개(未開)하니까
모르겠지!

글월 문(文)과
밝을 명(明)이 합쳐진
단어인 문명(文明)은
기술, 과학, 사회가
눈부시게 발전된 모습을
말하는 거야!
文明

미개(未開)는
아닐 미(未)와 열 개(開)가
합쳐진 말로
未
開
아직 열리지
않았다는 뜻이지.

아닐 미(未),
나무 끝의
가느다란
나뭇가지 모양을
본 따 만든 글자로
未
희미한 가지의
모습이 '분명하지
않다', '아니다'의
뜻을 나타내지.

열 개(開)는 문(門, 문 문)과 양손을
본 뜬 글자(幵, 평평할 견)가 합쳐진
글자로 '문에 양손을 대어 연다'는 뜻!!!
開
끼익

이런 어려운 뜻을
문명(文明)도 없는 미개(未開)한
원시림(原始林)의 부족이
알 리가 없지!
깔
깔
깔

훅

푹!

아얏!
불꽃정령 쿠키님!
꼬르륵
털썩

미개(未開)한 부족에게 당했다…!
독침으로 공격하다니….
부들
부들

크아아
벌떡

아아아…!!!
괜찮으세요?
부르르

우워어~
오지 마세요!
좀비~
저리 가시라고요!
불꽃정령 쿠키님께서 불꽃 좀비가 됐어!
저것 봐! 불꽃정령 쿠키가 좀비로 변했어.
우르르
크아아

투닥
투닥
파인애플
부족과
싸우는데?!

어쨌든 덕분에
화살이 멈췄어.
잘됐군.
푸하하

좀비로 변한
쿠키는 처음 봐.
조심해. 좀비에게
물리면 똑같이
좀비가 되니까.
헉

친구도
못 알아 봐.
그건 여기
명랑한 쿠키가
잘 알고 있지!
크크...
응?
출발하자!!!

마지막 5단계
파인애플 제단으로
어서 가야지!
시간이 없어!!!

맞아!

좀비 이야기는
제발 그만해!!!
휙

웨어울프맛 쿠키에게
창피하단 말이야!
탁
탁
탁

하아
하아
헉헉헉!
하아
하아

좀비가 이렇게
무서운 거였어!
우리를 알아보지
못하시다니!

어쩌다 보니
제단 안으로
들어와 버렸네.

이곳은 온갖 장애물이
있다는 쿠키런
경기장이잖아…?!
부
웅
이상하게
조용하네….

바람 소리인가?
으악!
퍼억

악마맛 쿠키!
텅~

어디로
간 거야?
악마맛
쿠키!!
슈우우

나 여기 있어!
부웅

헉!

퍼억
꺄
으아아아아
슈우우우우

퍼득
퍼득
척

안전(安全)하게
착륙(着陸)!
휙
휘익

붙을 착(着)!
육지 륙(陸)!

팟

용사맛 쿠키의
펫이 악당들을
한 방에 보내버렸어.

용의 꼬리는
정말 멋진 펫이야.
주인을 닮아서
그런가 봐~!

쿠키앤크림 쿠키
할멈, 나이 좀
생각하게.
내 나이가
어때서?
카악

할멈이라고
부르지 마!
슈우우
크흐흑
용사맛 쿠키는
왜 늙지 않는 거지?
속상해!

휘익
휙
불꽃정령 쿠키가
파인애플 제단으로
떨어졌어.
휙

틀림없이 어린
쿠키들의 경기를
방해(妨害)할 거야!
우르르
우리가
도와줘야 해!

스스스스
제단으로 가자!
저걸 밟고
건너가면 되겠군!

꺅
으아아
크아아아아
크아아

저기 다리가
있잖아!
버럭

캬오
위이잉
켁
위이잉
윽

나이 들어 이게
무슨 고생이야!
으아아
다다다

피융
헉
헉
헉
파인애플 부족이
모두 사라졌어.
나쁜 녀석들이니까
어딘가에
숨어 있겠지.

아니야. 악당은 오히려
우리일지도 몰라.

파인애플 부족의
제단에 숨겨진 크리스탈과
펫알들을 가지러 왔으니까.

무슨 소리야?
그건 쿠키런
경기장에서 이긴
쿠키가 갖는 거야.
그게 바로
경기의
규칙이라고!

이곳은 쿠키런
경기장이지만
파인애플 부족의
나라이기도 해.
끄덕
끄덕

펫알은 주인을
찾아가겠지만
크리스탈은 굴뚝마녀와의
싸움이 끝나면 이곳에
다시 돌려놓자.

그래, 크리스탈은
파인애플 부족의
것이니까.
척

주르륵

너희는 나의
경쟁자이자 친구였던
복숭아맛 쿠키를
생각나게 해.
휘이이이이

정말 착한
쿠키들이구나!

복숭아맛 쿠키는
대나무 숲에서 나를
기다리고 있겠지…?!

고향을 생각하니
대나무 숲을 스치는
바람 소리가
들려오는 것 같군.
휘이잉

슈우우
퍽

대추맛 쿠키님!
텅~
어디 가셨지?

얘들아아아아!
어디
계세요?

도망쳐!

5단계 경기가
시작됐다!

장애물을 피해
제단 꼭대기로
올라가거라!
부웅~

펴엉
캬오!

대추맛 쿠키님!
으악!

부웅
붕
달리자!
붕
끼야
으아아
다다다
끼야끼야끼야

조심해!
화악
히익

휙
툭
내 모자!

팟

척

파앗

고마워.
블랙베리맛 쿠키!

도련님이 아끼는
모자잖아요.
슈우우우

뒤를 조심해!

블랙베리맛
쿠키!!!
털썩

퍼억

파인애플 부족이 탑을 쌓는 이유는?
흔들
흔들
塔
탑 탑
얍!
달려!
도망쳐!
파인애플
괴물이야!
도련님…!
吉
길할 길

44장

파인애플 괴물 출현

없을 무

이치 리

괜찮아?
난 너 없으면
안 돼-!!

괜찮아요….

도련님?
으아아아아
슈우우

블랙베리맛 쿠키,
도와줘!
슈우우

더 이상
피할 곳이 없어!
탁
탁
탁

조심해!

화아악
꺄

쿠웅

어머…!

콰지직

멋진 녀석!
대단한데?!

웨어울프맛 쿠키…!

내가 해결하겠어!
콱

부우웅

쾅
쾅
콰쾅

부웅
붕
붕

텁

텁

텁

고마워!!!
휘이익

붕
붕
콰직
붕
붕
콰직

후우우웅

모두 해치웠어!
와아
와
이제
끝인가?

어흥
깜짝이야.

척

끼익
끼이익
저게 뭐야?
설마…!

끼익
끝난 게
아닌가 봐!
끼익

철컹
내려온다!
철컹
어서 피해!!

콰

이쪽이야!
탁
탁
탁

콰앙

쾅
휙 휙

콰쾅
콰쾅
쾅
쾅
쾅
정글전사 쿠키가 따라오래!!!

쾅
쾅
쾅

쉬이익

퍼퍽
퍽

콰당

조심해!!!

저건 파인애플 부족의 창이야.
다시 나타났어!
크르르

척
척
척
척

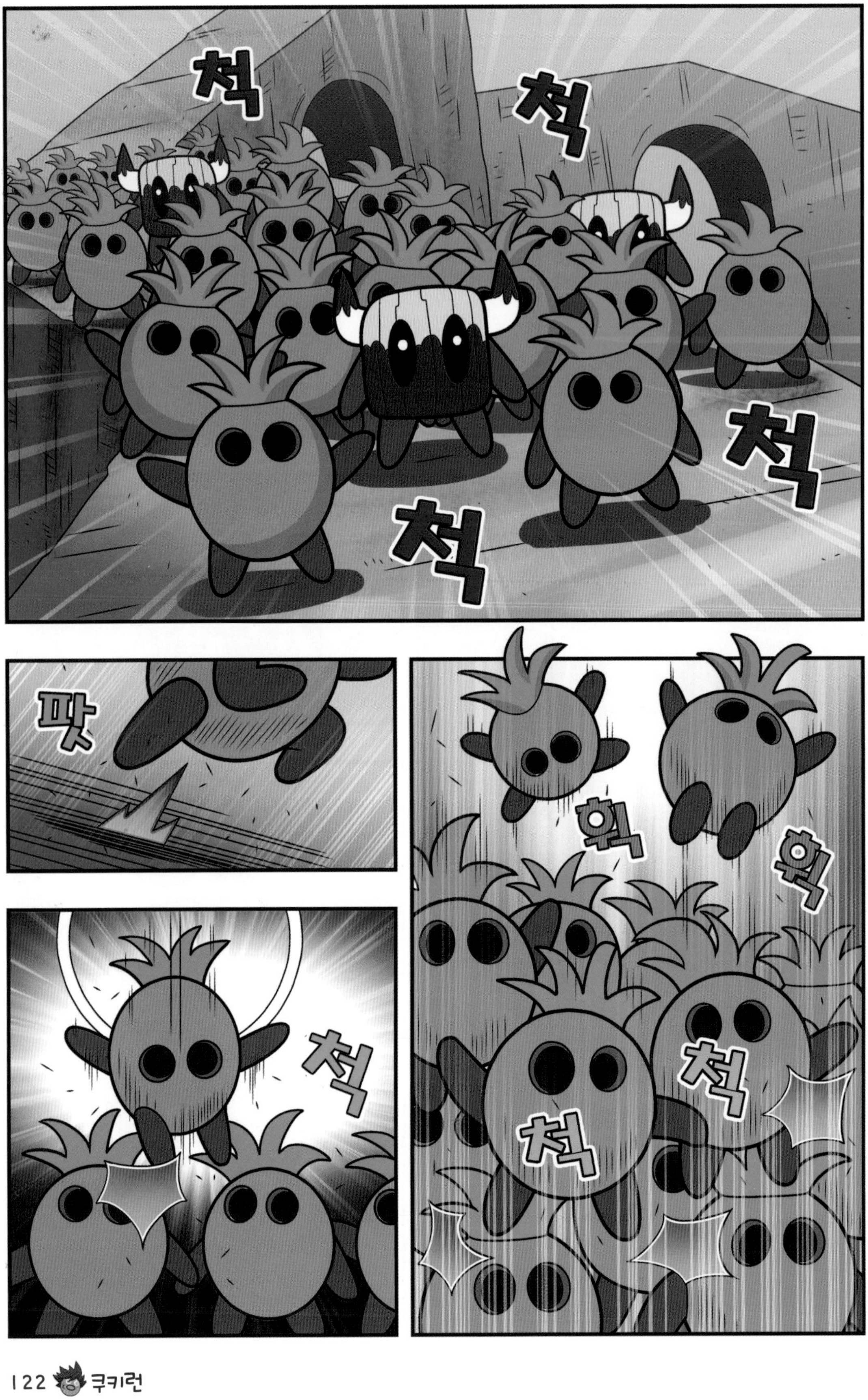

팟
휙
휙
척
척
척

흔들

흔들

척

유물 조각이다!
어떻게
하려는 거지?
불길(不吉)해….

새가 날아가서 보이지
않는 것을 뜻하는 글자인
아니 불(不)!
어디 갔지?
不
吉
선비(士, 선비 사)의
말(口, 입 구)은 훌륭하다는
뜻을 담은 글자인
길할 길(吉)!

뭔가
좋지 않은 일,
즉 불길(不吉)한
일이 일어날 것
같아!

파지직

화아악

스르르르
파츠츠

지금까지 유물 조각을 붙인 동물들은 모두 괴물(怪物)이 됐잖아.
그럼 유물 조각을 붙인 파인애플 부족은…

크아아아아
파인애플
괴물!!!

탁

역시 우리의 경기 감각은 녹슬지 않았어.
드디어 도착했군.

완전 녹슬었는데?!

다들 노인(老人)이 됐어. 이제 쿠키런 경기를 하기엔 무리(無理)야.

커다란 수풀에 불(火)이 나서 다 타 없어진 모양을 본뜬 글자로 '없다'는 뜻인 없을 무(無)와
구슬 옥(玉)과 소리 역할을 하는 글자인 마을 리(里)가 만나 '이치' 혹은 '다스리다'의 뜻인 다스릴 리(理)!
無 理

힘에 부치는
일을 억지로
하는 것…!
무리(無理)야-!
헉
헉
헉

그런데 불꽃정령
쿠키는 어디 있지?
분명히 이쪽으로
떨어졌을 텐데…?

우리가 무서워서
도망간 게 틀림없어!
크흐흐

도망치는 건 비겁하다!
어서 나와!
붕
붕

크아아아
깜짝이야!

크아아아
자네, 입 냄새가
정말 고약하군.

좀비다!!
척

불꽃정령 쿠키가
불꽃 좀비가 됐어!
물리면 안 돼!
화르르르
으아아
일단 도망가자!

제단 안으로
뛰어!
다다다다

촤아악
촤악

이제 다 왔어!
이 호수만 건너면 돼!

헤엄쳐서 건너면
금방이겠네!
잠깐!

첨벙

촤아아아

호수 안엔 악어와
피라냐가 가득해.
저쪽 다리로
건너가자!
풍덩

으아아아

풍덩

악마맛 쿠키와
코코아맛 쿠키잖아!
콜록
털썩
콜록

꺅
캬오
촤아악

모두
불꽃정령 쿠키의
부하들입니다.
그래?

끙
끙

시나몬맛
쿠키와
마카롱맛 쿠키!
감히 불꽃정령
쿠키님을
배신(背信)하다니!

몸을 뜻하는 육달월(月)
위에 쿠키들이 등을 맞댄
모양인 배(北)를 합한 글자인
배반할 배(背)!
쿠키(人, 사람 인)의
말(言, 말씀 언)에는
거짓이 없어야 한다는
뜻을 지닌 글자인
믿을 신(信)!
背
信

배신이야! 배신!

배신(背信)이 아니야!
그냥 우리의 잘못을
깨달은 거야.
쿠키 세상을
멸망(滅亡) 시키려는
악당의 부하는 되지
않겠어!

한 번 악당은
영원한 악당이야!
크크크

이 녀석들
믿지 마.
아직도 우리
편일 테니까!
크크크
둥
둥

말도 안 돼!

맞아.
그럴 지도 몰라.

꽁꽁

악당이었던
쿠키들을 바로
믿을 수는 없지!
못 믿어.
불신(不信)!!
끄덕
끄덕

으아아아

슈우우

대추맛
쿠키잖아?!
악당이
또 떨어졌군.
카악
으으으...
쿠키 살려!

꽁
꽁

복숭아맛 쿠키,
여기는 어떻게
온 거야?

쿠키왕국의 공주인 내가,
불꽃정령 쿠키의 부하들을
모두 잡았도다!
오호호호

너 잡으러
왔지!

불꽃정령 쿠키의
꾐에 빠져 나쁜 짓을
하고 있었잖아!
척
그, 그랬지.

넌 세계 최강의
무기인 월도(月刀)를
쓸 자격이 없어!

밤하늘의 달도 베어내는
월도(月刀)를 부끄럽게
만들다니!
화
악

뎅그렁

이게 무슨
세계 최강의
무기야?
아버지가 주신
평범한 칼일
뿐이야!

나는 너처럼 강하지도,
용감하지도 않아.

그래서 불꽃정령 쿠키의 편에 서면 대나무 숲이라도 지킬 수 있을 거라고 생각했어.
화르르

풋

우, 웃은 거 아니야!
벌떡
앗!

하지만 지금은
후회해! 진짜야!
철썩
철썩

대나무 숲을
안전하게
지켜 주겠다는
불꽃정령 쿠키의
말은 거짓이었어.
너도
배신(背信)이냐!

우리 둘이
힘을 합하면
대나무 숲을
지킬 수 있어!
그럼 나와 함께
대나무 숲으로
돌아가자.

지금은
안 돼!

꼬마
쿠키들을
도와야 해!
휘익
휙
휙

꼬마 쿠키들끼리 해가 지기
전에 5단계를 통과(通過)하기
어려울 거야.
휘이이

잘됐네!

방
방
다 함께 파인애플
부족의 제단으로
가자!

우선 내 친구를
풀어 줘.
휙
휙
안 돼! 악당 쿠키들은
모두 묶어 놓을 거야.

출발(出發)!
척
척
척
이게 뭐야,
기차놀이도
아니고….
척
척

괴물들의 대격돌이 시작됐어!

45장

쿠키 괴물 탄생

解答

풀 해

대답 답

크아아앙
쾅

콰아아악

크아아아아아

순식간에 날아와서 가로막았어!

너무 빠르잖아!

파인애플 부족은 그동안 유물 조각을
이용해서 침입자(侵入者)들을
막아낸 게 분명해!

크아~!

크아아~
더 이상 도망칠
곳이 없어!
으아아
모두 가루가
되겠어!

저 유물 조각을 떼어
낼 수 있을까?

쉬이이익
벌써
출발(出發)한
거야?

화아악
!

퍼억

으악!

블랙베리맛
쿠키!
휙

척

다음은
우리 차례야!
촤아아아

크르르르

촤아아아

화르르르
앗, 뜨거워!

불까지 뿜다니!
!

꼬마유령!
으아아아

콰악
콱
고, 고마워!

우리가
해 보자!
탁 탁 탁
파앗

화아악
조심해!
너희라면 할 수
있을 거야!

슈우우

콰직
콰직

안 돼!
파앗

제발!!!

파바박

휘 익

퍼억

파앗
팟

다행이다…!
콱
콰악

척

고마워,
정글전사 쿠키!

유물 조각을
떼어낼 방법을
어서 찾아야
할 텐데….

잠깐, 다들
날 주목해 봐!
척

잘 익은 벼처럼 빼어난(秀, 빼어날 수)
말(言, 말씀 언)로 꾀어낸다는
뜻의 꾀어낼 유(誘)!
誘
引
활(弓, 활 궁)시위에
활(丨, 뚫을 곤)을 당기는
모양인 끌어당길 인(引)!

저 괴물은
지금 우릴
유인(誘引)하고
있어.

유물 조각으로 우리를
유인(誘引)해서 하나씩
부수려는 속셈이지!
붕
붕

이제 곧 해가
질 텐데 큰일이네!

해가 지기 전에
유물 조각을 떼어내야 해!
팍

건드리지 마!
내 배낭이야!
콱
콰악

파
악
안 돼!!!

맞다!
휙
휙
휙
우리에게도
유물 조각이
있잖아!

해답(解答)은
유물 조각이야!
뭐라고?

우리도 유물
조각으로 괴물이
되자!

아아아!
척
시간이 없어!
척
척
먼저 탑(塔)을
쌓고!
유물 조각이
떨어진다!

척

용감한 쿠키의
이마에 붙였어!

후우웅

번쩍

기분이 이상해!
부글
으아아아아!
부글
스스스스
쿠쿵
탄생(誕生),
쿠키 괴물!

불끈
솟아라, 힘!

화악
덤벼!

나머지 유물 조각은
내 배낭에 챙겨야지!

쏙
하나는
잡았고….

어디 가?
땡그렁

휘익

크아아아
휙
헉!

휘 익
?
?

기분이 이상해!

꿈틀

우리의 몸과
마음이….

꿈틀

꿈틀

꿈틀

하나가 되는 것
같은데…?!

번쩍

노인 좀비 괴물!

화르르르

헉
헉
질
질
질
켁
으으...

겨우 빠져나왔네.
이제 드디어 파인애플 부족의 제단이다!
헉
헉

공주맛 쿠키
덕분에…
다리를 무사히
통과했어.
와장창

전투력이 높은 걸
보니 공주가 맞긴
맞나 봐.
흣!

이건 또 뭐야?!
!

이제 우릴
풀어 줘요!
안 돼!
질질질

파지직
쿠

파지지직
쿠웅

괴물들의
전쟁(戰爭)이다!
어디에서 튀어나온
괴물들이지?

고, 공주맛
쿠키님!

저건 꼬마 쿠키들입니다.
유물 조각으로
쿠키 괴물이 됐어요.

크르르
저기엔
불꽃정령
쿠키님이…?

크르르르
이건
파인애플 부족
괴물…?!

크아아아~

퍼
억

노인 좀비 괴물이
꼬마 쿠키 괴물을
공격하잖아!
역시 불꽃정령
쿠키님이
조종하고
있나 봐!

크윽!
털썩

크아앙

파인애플 부족
괴물도 꼬마 쿠키들을
공격하잖아!
어떡해!
꼬마 쿠키들이
위험해!

파지지직

크
아
아아아
꼬마 쿠키들은 이대로 괜찮을까? 10권에서 확인하세요!

9권 한자 집중 탐구

쏙! 쏙!

6급

本

근본 본

부수 木 나무 목

- ★根本 (근본) 어떤 것의 밑바탕. 또는 가장 중요한 바탕을 이루는 것.
- ★本末 (본말) 사물이나 일의 처음과 끝.

7급

來

올 래

부수 人 사람 인

- ★未來 (미래) 앞으로 올 날.
- ★去來 (거래) 주고받음. 또는 사고팖.

4급

豫

미리 예

부수 豕 돼지 시

- ★豫定 (예정) 앞으로 할 일을 미리 정하는 것.
- ★豫告 (예고) 어떤 일을 미리 알리는 것.

5급

賞

상줄 상

부수 貝 조개 패

- ★受賞 (수상) 상을 받는 것.
- ★賞罰 (상벌) 상과 벌. 또는 상 주는 일과 벌주는 일.

5급

熱

더울 열

부수 灬 연화발(불 화)

- ★熱氣 (열기) 뜨거운 기운.
- ★熱心 (열심) 어떤 일에 온 정성을 다하는 것.

4급

進

나아갈 진

부수 辶 책받침

- ★進行 (진행) ① 앞으로 나아가는 것. ② 어떤 일을 이끌어 나가는 것.
- ★進化(진화) 어떤 것이 점점 더 나아지는 것.

6급

行

다닐 행

부수 行 다닐 행

- ★行爲 (행위) 자기 뜻으로 하는 일.
- ★行動 (행동) 몸을 움직여 어떤 일을 하는 것.

4급

未

아닐 미

부수 木 나무 목

- ★未完成 (미완성) 어떤 일을 끝마치지 못한 것.
- ★未開 (미개) 문명이 발달하지 못하여 사는 수준이 낮음.

6급 開 열 개

부수 門 문 문

★ 開花 (개화) 풀이나 나무에 꽃이 피는 것.

★ 公開 (공개) 어떤 것을 여러 사람에게 터놓고 알리거나 보이는 것.

3급 塔 탑 탑

부수 土 흙 토

★ 石塔 (석탑) 돌을 다듬어서 쌓은 탑.

★ 尖塔 (첨탑) 지붕 꼭대기를 뾰족하게 세운 탑.

5급 吉 길할 길

부수 口 입 구

★ 吉凶 (길흉) 좋은 일과 나쁜 일.

★ 吉夢 (길몽) 좋은 일이 있을 것 같은 느낌이 드는 꿈.

5급 無 없을 무

부수 灬 연화발(불 화)

★ 無禮 (무례) 말이나 행동에 예의가 없는 것.

★ 無知 (무지) 아는 것이 없는 것.

6급 理 이치 리

부수 王 구슬옥변

★ 理由 (이유) 어떤 일이 일어난 까닭.

★ 道理(도리) 사람이 반드시 지녀야 할 바른 마음과 몸가짐.

6급 信 믿을 신

부수 亻 사람인변

★ 自信感 (자신감) 어떤 일을 꼭 할 수 있다고 스스로 믿는 것.

★ 所信 (소신) 평소에 자기가 믿거나 생각해 오던 것.

3급 誘 꾀어낼 유

부수 言 말씀 언

★ 誘引 (유인) 흥미나 주의를 끌어 남을 꾀어내는 것.

★ 誘導 (유도) 어떤 쪽으로 나아가게 이끄는 것.

4급 引 끌 인

부수 弓 활 궁

★ 引上 (인상) 값을 올리는 것.

★ 引用 (인용) 남의 말이나 글을 따다가 자기 말이나 글에 쓰는 것.

★ '부수'란? 부수는 자전(옥편)에서 한자를 찾는 기준이 되는 글자로, 한자의 뜻과 연관이 있어요. 예를 들어 木(나무 목)을 부수로 쓰는 한자의 뜻은 '나무'와 연관이 있어요. 또, 부수에 해당하는 한자가 다른 글자와 만나면 모양이 조금씩 변하기도 해요. 信(믿을 신)의 亻은 人(사람 인)이 변형된 한자예요. 부수의 수는 총 214자입니다.

4급

解

풀 **해**

부수 角 뿔 각

- 解法 (해법) 해내기 어렵거나 곤란한 일을 푸는 방법.
- 解放 (해방) 억눌림이나 얽매임에서 벗어나 자유롭게 하는 것.

7급

答

대답 **답**

부수 竹 대 죽

- 問答 (문답) 서로 묻고 대답하는 것.
- 正答 (정답) 맞는 답.

5급

完

완전할 **완**

부수 宀 갓머리

- 未完成 (미완성) 일을 끝마치지 못한 것.
- 完全 (완전) 흠이나 모자라는 데가 전혀 없는 것.

6급

이룰 **성**

부수 戈 창 과

- 成功 (성공) 목적한 일을 이루어 내는 것. 또는 목적한 바가 이루어지는 것.
- 成敗 (성패) 성공과 실패.

★ '한자의 필순'이란?

: 한자를 보기 좋고 빠르게 쓰기 위해, 쓰는 순서를 정한 것.

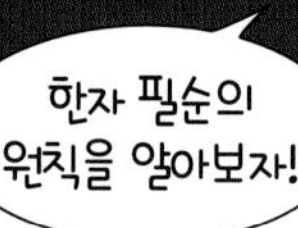

 한자의 기본 필순

❶ 왼쪽에서 오른쪽으로 쓴다.
❷ 위에서 아래로 쓴다.
❸ 가로획과 세로획이 교차될 때는 가로획을 먼저 쓴다.
❹ 삐침과 파임(오른쪽으로 비스듬하게 내려 쓰는 한자)이 만날 때는 삐침을 먼저 쓴다.
❺ 좌우로 대칭되는 형태의 한자는 가운데 부분을 먼저 쓰고 왼쪽, 오른쪽 순서로 쓴다.
❻ 안쪽과 바깥쪽이 있을 때는 바깥쪽을 먼저 쓴다.
❼ 글자 전체를 꿰뚫는 획은 나중에 쓴다.
❽ 오른쪽 위의 점은 맨 나중에 찍는다.
❾ 받침으로 쓰이는 글자 중 走(달릴 주)는 받침을 먼저 쓰고, 辶(쉬엄쉬엄 갈 착)은 받침을 나중에 쓴다.

9권 출간기념 이벤트

쿠키런 동전지갑 총30명

10명

10명

10명

두근

두근

두근

두근

빨리 응모하러 가자~!

★ 응모 방법 : 〈쿠키런 한자런〉 9권 애독자 엽서의 모든 항목을 꼼꼼히 적어 우체통에 넣으면 응모 완료!

★ 응모 기간 : 2016년 12월 21일 ~ 2017년 3월 10일

★ 당첨자 발표 : 2017년 3월 25일, 서울문화사 어린이책 공식 카페 〈당첨자 발표 게시판〉 http://cafe.naver.com/ismgadong

★ 선물 발송 : 2017년 4월 10일

★ 엽서에 주소와 전화번호를 정확히 적어 주세요. 주소를 잘 모른다면 꼭 부모님께 확인받으세요~!

〈쿠키런 한자런 9권〉 애독자엽서

우편요금
수취인후납부담
발송 유효기간
2015. 10. 1 ~ 2017. 9. 30
서울 용산 우체국
제 1370호

보내는 사람

이 름 (남 , 여)

주 소

전화번호 ( ) –

휴대폰번호

이메일 주소

학교(유치원) 학년 반

□□□□□

우표는 붙이지 말고
우체통에 넣으세요~!

〈코믹 메이플스토리〉, 〈수학도둑〉,
〈쿠키런 어드벤처〉 정기구독 신청
(02) 3785-0908

서울문화사 아동 1파트 귀중

서울특별시 용산구 새창로 221-19

(한강로2가) 서울문화사 5층 아동 1파트

전화 [영업] 02)7910-754 [편집]02)7999-196

팩스 [영업] 02)7494-079 [편집]02)7999-334

0 4 3 7 6